BEI GRIN MACHT SICH IHR WISSEN BEZAHLT

AF150773

- Wir veröffentlichen Ihre Hausarbeit,
  Bachelor- und Masterarbeit

- Ihr eigenes eBook und Buch -
  weltweit in allen wichtigen Shops

- Verdienen Sie an jedem Verkauf

Jetzt bei www.GRIN.com hochladen und kostenlos publizieren

Marius S.

Grundlagenwissen zu Scientology

GRIN Verlag

Bibliografische Information der Deutschen Nationalbibliothek:

Die Deutsche Bibliothek verzeichnet diese Publikation in der Deutschen National-
bibliografie; detaillierte bibliografische Daten sind im Internet über http://dnb.d-
nb.de/ abrufbar.

Impressum:

Copyright © 2013 GRIN Verlag GmbH
Druck und Bindung: Books on Demand GmbH, Norderstedt Germany
ISBN: 978-3-656-40084-4

Dieses Buch bei GRIN:

http://www.grin.com/de/e-book/212015/grundlagenwissen-zu-scientology

GRIN - Your knowledge has value

Der GRIN Verlag publiziert seit 1998 wissenschaftliche Arbeiten von Studenten, Hochschullehrern und anderen Akademikern als eBook und gedrucktes Buch. Die Verlagswebsite www.grin.com ist die ideale Plattform zur Veröffentlichung von Hausarbeiten, Abschlussarbeiten, wissenschaftlichen Aufsätzen, Dissertationen und Fachbüchern.

Besuchen Sie uns im Internet:

http://www.grin.com/

http://www.facebook.com/grincom

http://www.twitter.com/grin_com

Scientology-Referat

Inhaltsverzeichnis:

1. Quellen zu Scientology / meine Quellen

Auch wenn ich mir anfangs kaum vorstellen konnte, wo und wie man gute und wertvolle Informationen über Scientology erhält, so kann ich mich mittlerweile vor der Menge der Informationen kaum noch retten (rund 400 DIN A4-Seiten). Die Quellen zu Scientology sind – auch wenn man es schwer glauben kann – nahezu unerschöpflich, sofern man Zugang zum Internet (= weltweites System vernetzter Computer, dessen Größe das gesamte Wissen des 19. Jh. übersteigt) hat. Gibt man so z.B. nur einmal in eine der unzähligen Suchmaschinen (z.B. Excite – http://www.excite.com) den Suchbegriff Scientology ein, so erhält man insgesamt über 7000 (!) Internet-Seiten. Zum Glück liefert nicht jede Suchmaschine so viele Seiten, aber trotzdem fällt einem die Auswahl der richtigen Materialien teilweise sehr schwer.
Im Endeffekt habe ich mich für folgende Quellen entschieden:

- Der Scientology-Server (http://scientology.org) – Fast alle Informationen in diesem Referat sind von diesem Server (= Hauptrechner, der Informationen im Internet anbietet) und müssen daher auch mit Vorsicht genossen werden, da sie alle aus dem Blickwinkel von Scientology geschrieben sind (An besonders extremen Stellen wird noch einmal darauf hingewiesen). Jedoch bieten diese - auch wenn mit Sicherheit nicht objektiven - Informationen einen guten Einblick in die Welt von Scientology und außerdem offerieren sie eine Menge an statistischem Material zu Scientology. (Die meisten Informationen sind in Englisch / Französisch / Spanisch / Italienisch und vor allem auch in Deutsch erhältlich)
- Der L.Ron Hubbard-Server (http://www.lronhubbard.org) – Die Lebensgeschichte von L.Ron Hubbard, dem Gründer von Scientology stammt von diesem Server. Die Informationen sind ebenfalls mit Vorsicht zu genießen. Zusätzlich bietet dieser Server auch noch Real-Audio-Aufnahmen von L.Ron Hubbard und seinen Reden, die ich mir allerdings nicht angehört habe. (Die meisten Informationen sind ebenfalls in Englisch / Französisch / Spanisch / Italienisch und vor allem auch in Deutsch erhältlich)
- Das Spiegel-Archiv (http://www.spiegel.de) – Die Ausgaben seit Beginn 1996 mit Inhalten über Scientology (insgesamt 30 Artikel) sind hier abrufbar (leider mittlerweile kostenpflichtig). Insbesondere die Ausgabe 17/97 "Dein Problem, löse es" (S. 94-99), in dem eine Aussteigerin über den Umgang von Scientology mit Kindern eingeht, hat in diesem Referat Verwendung gefunden.
- http://www.demon.co.uk/castle/xenu/xenu.html – The Road to Xenu by Margery Wakefield – eine Aussteigerin berichtet auf fast 100 gedruckten Seiten, wie es in Scientology zugegangen ist. Dieses Buch fließt in mein Referat nur in Randgebieten ein (da nur in englisch und auf Grund der Scientology-Terminologie recht kompliziert). Jedoch bietet es einige interessante Informationen über den wirklichen Ablauf von Auditing und über die höheren Stufen der Erleuchtung in Scientology (M. Wakefield hatte bereits einen der höchsten Grade erreicht [OT3] als sie aus der Sekte ausstieg)
- http://www.demon.co.uk/castle/xenu/scs.html – Social Control in Scientology by Bob Penny – eigentlich der zweite Teil zu The Road to Xenu, der genauer auf die psychologischen Methoden von Scientology eingeht. Dieser Teil geht in mein Referat eigentlich so gut wie gar nicht ein (ebenfalls nur Englisch und 50 Seiten stark).
- Scientology – The Fundamentals of Thought (ISBN 0-88404-341-X) – Auszüge aus einem Buch von L. Ron Hubbard, welches ich in der amerikanischen Bibliothek am Highland-Community-College in Freeport gefunden habe. Die hier enthaltenen Informationen habe ich aber kaum benötigt, da der größte Teil auch durch die Information des Scientology-Servers abgedeckt wird.

2. Was ist Scientology ?

Scientology selbst beschreibt sich als *"applied religius philosophy"*, als *"angewandte religiöse Philosophie"*. Wie man schon aus dieser Definition sehen kann, ist Scientology sowohl eine Bezeichnung für eine Philosophie, als auch der Name für eine Religion. Inwieweit man daraus folgend Scientology auch als Kirche bezeichnen kann ist natürlich weitgehend umstritten, insbesondere was steuerrechtliche Fragen in den USA angeht. So ist Scientology am 1. Oktober 1993 in den USA offiziell als Kirche anerkannt worden und erhielt den steuerbefreienden Status einer jeden Organisation für soziale Verbesserung. Ob man Scientology wirklich als "gemeinnützige Kirche" beschreiben sollte, ist allerdings äußerst fragwürdig. Das Wort Scientology setzt sich aus dem lat. Begriff "scio" und dem griech. Begriff "logos" zusammen und bedeutet soviel wie "Wissen über das Wissen" oder "wissen, wie man weiß". Um genau zu verstehen, was Scientology genau ist, muß man bei den Wurzeln anfangen, nämlich mit dem 13. März 1911, mit der Geburt von L.Ron Hubbard, der dann später in den 50er Jahren Scientology gründen sollte.

2.1 Wer ist L. Ron Hubbard ?

L. Ron Hubbard wird am 13. März 1911 in Tilden im Bundesstaat Nebraska (USA) geboren. Sein Vater ist Harry Ross Hubbard, ein Marine-Offizier, und seine Mutter heißt Ledora May. Während seiner Kindheit zieht er zusammen mit seinen Eltern mehrere Male infolge der Marinetätigkeit des Vaters um. Zwischen 1913-1921 befindet sich die Familie in Kalispell (Montana), wo der junge L. Ron Hubbard bereits mit 2 Jahren Kontakt zu Schwarzfußindianern bekommt. In diesen Jahren erfährt er auch von einem Schamanen der Schwarzfußindianer viel über die Überlieferungen des Stammes. Mit sechs Jahren wird er dann auch zu einem "Blutsbruder" der Schwarzfußindianer. 1922 zieht Ron nach Puget Sound im Staat Washington, wo er im April 1923 Mitglied der Pfadfinder von Amerika wird. Am Ende des Jahres 1923 befindet er sich zusammen mit seinen Eltern auf dem Weg nach Washington, D.C.. Auf dieser Schiffsreise begegnet er Commander Joseph "Snake" Thompson, der in Wien unter Sigmund Freud studiert hat. Dieser lehrt Hubbard später vieles, was er von Freud über den menschlichen Verstand gelernt hat. 1927 lernt Hubbard schon viel von der Welt kennen, denn er besucht seinen Vater, der zu dieser Zeit auf der Insel Guam stationiert ist. Er lernt so unter anderem schon ein wenig von Hawaii, Japan, China, den Philippinen und Hongkong kennen. Ende September 1927 kehrt Ron nach Helena (Montana) zurück, wo er dem 163. Infanterieregiment der National Guard beitritt. Zur selben Zeit wird er auch Redakteur der Schulzeitung der Helena-High-School. Da er sich schon nach kurzer Zeit in der Schule äußerst eingeengt fühlt, macht er sich schon bald alleine wieder auf den Weg in den fernen Osten, wo er als Steuermann und Frachtaufseher regelmäßig die Gewässer Chinas durchpflügt. Ende September 1929 kehrt er wieder in die USA zurück und beendet diesmal in Washington, D.C. seine High-School-Ausbildung. Anschließend studiert er an der George Washington University Ingenieurwesen und Atom- und Molekularphysik und beginnt mit seiner persönlichen Suche nach Lösungen für das Elend und die Probleme des Menschen. Zwischen 1930-1933 lernt er unter anderem Segelfliegen und Motorflug, wobei er später sogar Kunstflug-Vorstellungen gibt. Außerdem wird er zum Herausgeber und Autor der Universitätszeitung, gewinnt den Literaturpreis der Universität und leitet eine karibische Filmexpedition. Im Frühjahr 1933 beginnt er dann seine Karriere als professioneller Autor von Unterhaltungliteratur. Seine Geschichten und Bücher umfassen sämtliche Sparten von Western-, Detektivromanen über Liebesgeschichten bis hin zu Science-Fiction-Romanen. In 6 Jahren schreibt er über 100 Romane und Kurzgeschichten, die auch teilweise in Bestsellerlisten auftauchen. Am 29. März erhält er nach mehreren Expeditionen – unter anderem nach Alaska – das Kapitänspatent für Segelschiffe "auf allen Meeren". Im 2.Weltkrieg übernimmt er dann auch das Kommando über ein Konvoi-Begleitschiff, sowie später über einen U-Boot-Jäger. Nach Ende des Krieges und Entlassung aus der Marine im Februar 1946, wendet er sich wieder dem Schreiben zu. Sein Hauptaugenmerk liegt aber nun wieder auf seinen Forschungen, die er bereits 1930 begonnen hatte, nämlich wie man den Zustand der Menschen verbessern kann. Die aus diesen Forschungen hervorgegangenen Ergebnisse wendet er dann auch zum ersten Mal 1947 an Schauspielern in Hollywood an. Zu diesem Zeitpunkt prägt er auch den Begriff der Dianetik (=Ergebnisse seiner Forschungen bzgl. der Methoden zur Verbesserung der Lage der Menschen durch Verbesserung / Reinigung des menschlichen Verstandes). So veröffentlicht er dann auch am 9. Mai 1950 das Buch "Dianetik: Der Leitfaden für den menschlichen Verstand", welches 28 Wochen auf der Bestsellerliste der New York Times zu finden ist. Im Herbst 1951 entwickelt Hubbard dann Methoden, wie ein Mensch seine natürlichen Fähigkeiten wiedergewinnen / verbessern kann. Diese Methoden kann man im Grunde als verbesserte / weiterentwickelte Dianetik betrachten und daraus entwickelt Hubbard dann die Philosophie Scientology.

Nachdem er Scientology in den 50er Jahren gegründet hat widmet er sich bis zu seinem Tod dann vornehmlich Scientology und deren Verbreitung, auch wenn er bereits am 1. September 1966 von allen leitenden Posten zurücktritt. Er entwickelt immer neue Methoden zur Verbesserung der Lebenssituation, sowie die Praktiken, die Scientology auch noch heute anwendet (z.B. Auditing). Außerdem erforscht er das Problem der Drogensucht und des Analphabetentums und bietet auch dafür genaue Verfahren zur Lösung an, die dann auch von Scientology übernommen werden. Auch sein Leben als Autor vernachlässigt er nicht, so schreibt er unter anderem 1980-81 den Science-Fiction-Roman "Kampf um die Erde: Eine Saga aus dem Jahre 3000", den größten Science-Fiction-Roman bis zu diesem Zeitpunkt. L. Ron Hubbard stirbt am 24. Januar 1986 im Alter von 74/75 Jahren.

Wie man sieht war L.Ron Hubbard ein sehr vielseitiger Mensch, Forschungsreisender, Musiker + Künstler, Dichter + Lyriker, Kapitän und auch Philosoph. Betrachtet man Scientology vor dem Hintergrund obiger Biographie, so ist es natürlich kaum verwunderlich, daß ein wahrscheinlich sehr fähiger Mensch wie L.Ron Hubbard es geschafft, eine Organisation zu gründen, deren Philosophie so geschickt angelegt ist, daß immer wieder viele Menschen zu Scientology kommen und auch dort bleiben, ohne wirklich zu merken, was mit ihnen geschieht.

Besonders interessant an seiner Biographie ist außerdem, daß einige seiner früheren Erfahrungen auch in der Scientology-Philosophie auftauchen. So entstammen zum Beispiel einige der Vorstellungen der Scientology von der Welt und vom Universum aller Wahrscheinlichkeit nach einigen von Hubbards Science-Fiction-Romanen, dazu jedoch später mehr in Bezug auf die verschiedenen Grade der Erleuchtung und hier insbesondere dem Grad OT3.

2.2 Die Entstehung und Verbreitung von Scientology

Eine genaues Entstehungsdatum für die Scientology-Philosopie anzugeben ist natürlich schwierig, da Hubbard viele Jahre damit verbrachte, diese Philosophie zu entwickeln. Jedoch gibt er im Mai 1952 öffentlich die offizielle Gründung der Scientology-Philosophie und die Gründung des Hubbard Internationalen Scientologen-Verbands bekannt. Dieses Datum könnte man also als das Geburtsdatum von Scientology ansehen. Am 18. Februar gründen dann einige seiner Anhänger die erste Scientology-Kirche in Los Angeles. Überraschenderweise wird die nächste Kirche nicht den USA gegründet, sondern in Auckland (Neuseeland), nämlich am 28. Januar 1955, was wahrscheinlich damit zusammen hängt, daß insbesondere Hubbards frühere Bücher über Dianetik (1950) und seine ersten Bücher über Scientology weltweit sehr beliebt waren. Am 21. Juli 1955 wird die Scientology-Gründungskirche in Washington, D.C. gegründet, die bis 1959 die Zentrale von Scientology bilden sollte. In den Folgejahren, sowie eigentlich in den gesamten 50er Jahren werden unzählige Bücher über Scientology & Dianetik veröffentlicht, so unter anderem im September 1956 "Scientology: Die Grundlagen des Denkens", aber auch Bücher die auf den ersten Blick gar nicht mit Scientology zusammenhängen, wie z.B. im Dezember 1956 "Die Probleme der Arbeit" oder im Mai 1957 "Alles über radioaktive Strahlung". Außerdem werden noch rund ein halbes Dutzend weiterer Kirchen auf der ganzen Welt gegründet, so z.B. am 11. November 1957 in Johannesburg (Südafrika). Im Frühling 1959 kauft L. Ron Hubbard dann das Saint Hill Manor in East Grinstead, Sussex, England, welches bis 1966 sein Wohnsitz sein sollte. Hierhin zog dann auch die Scientology Kommunikationszentrale um und später entstand hier auch das Saint-Hill-Scientology-College. Aber erst am 7. Juli 1969 sollte hier die Scientology Kirche Saint Hill Europa gegründet werden, die auch heute noch eine spezielle Bedeutung hat, da alle Kirchen, die die Größe von Saint Hill erreichen, speziell dafür ausgezeichnet werden. Als erste europäische Kirche wird am 26. Oktober 1959 die Scientology Kirche in Paris gegründet. 1969 entstehen auch bereits die ersten Dianetik-Gruppen in Deutschland, bevor dann ein Jahr später am 15. Oktober 1970 die erste Scientology Kirche in München folgen sollte. Weitere Kirchen in Deutschland werden gegründet am 27. Mai 1980 (Berlin), 5. Mai 1983 (Hamburg), 1. März 1984 (Düsseldorf), 17. November 1988 (Frankfurt), Oktober 1989 (Hannover) und 28. Dezember (Stuttgart). Außerdem erhält die Scientology Kirche Hamburg am 13. März 1989 die Auszeichnung für ihr Erreichen der Größe von Saint-Hill. Zwischenzeitlich ist L.Ron Hubbard bereits gestorben, nämlich am 24. Januar 1986, dennoch geht die Expansion von Scientology unvermindert weiter. Es wird außerdem das Schiff "Freewinds" gekauft und es fährt seit seiner Jungfernfahrt am 6. Juni 1988 unter karibischer Flagge über die Weltmeere, um es "Scientologen zu ermöglichen, fernab von den Brennpunkten einer turbulenten Welt, die höchsten Stufen geistigen Fortschritts zu erreichen."

Scientology beschreibt sich selbst als "die am schnellsten wachsende religiöse Bewegung der Welt". Betrachtet man die Scientology eigenen Statistiken, so läßt sich dies kaum abstreiten. Zur Zeit gibt es etwa 8 Mio. Anhänger der Dianetik und der Scientology auf der ganzen Welt, wovon sich etwa 30.000 in Deutschland aufhalten. Laut Scientology stammen ihre Anhänger aus allen Gesellschaftsschichten – "Bauern aus Kenia, norwegische Fischer, Fußballspieler aus Brasilien, japanische Geschäftsleute, usw.". Daß sich die Scientology-Gemeinde seit ihrer Gründung in den 50er Jahren immer stark vergrößert hat, läßt sich schon an wenigen Zahlenbeispielen zeigen. So stieg die Anzahl der Länder, in denen Scientology Verwendung findet, innerhalb von 20 Jahren von 17 (1970) auf ganze 74 Länder im Jahre 1992 an, wobei die Gesamtzahl der Länder, in denen Scientology angeboten wird, 1992 schon bei 99 lag. Gleichzeitig mit der Ausbreitung über den ganzen Erdball stieg auch die Anzahl der Kirchen, Missionen und Organisationen von anfänglichen 5 (1950) bzw. 11 (1960) auf über 1000 (1992) an. Mit der steigenden Anzahl der Kirchen, vergrößerte sich natürlich auch die Anzahl der offiziellen Scientology Mitarbeiter (nur über sie sind zuverlässige Zahlen erhältlich; die Gesamtzahl der Scientologen auf der Welt kann selbst Scientology nur schätzen) von 2.553 (1970) auf 10.224 (1990). Auch wenn sich Scientology über den ganzen Erdball ausgebreitet hat, so befinden sich ihre Zentren jedoch eindeutig in den USA, wo über 50% der Scientology-Mitarbeiter. Das wachsende Interesse an der Religion Scientology läßt sich auch daran erkennen, daß laut eigenen Aussagen mittlerweile knapp ½ Million Menschen jährlich Scientology beitreten (1970 waren es nur knapp 90.000). Mit der wachsenden Scientology-Gemeinde vergrößerte sich auch die Anzahl der Auditing-Stunden, die 1990 mit 1.500.000 Stunden im Jahr für Scientology einen ziemlich beachtlichen finanziellen Wert darstellten. Betrachtet man auf diesem Hintergrund die Entscheidung der US-Steuerbehörde, die Scientology als nicht kommerziell einstufte, so stellt sich für einen doch schnell die Frage der Richtigkeit dieser Entscheidung. Nimmt man nur mal einen Preis von 100.- pro Stunde an und in Wirklichkeit liegen die Preise wahrscheinlich noch um ein Vielfaches höher – insbesondere was die höheren Stufen der Erleuchtung angeht – so kommt Scientology nur allein durch Auditing-Stunden auf 150 Mio. DM Einnahmen pro Jahr. Über die genauen Preise oder Preise allgemein verliert Scientology jedoch kein Wort, jedoch mußte z.B. Margery Wakefield, eine ehem. Scientologin, für einen 25 Stunden Kurs für einen der höheren Level (OT-Level) 8.000 $ bezahlen, was einem Stundenpreis von etwa 560 DM entspricht. Dazu kommen dann u.a. noch die Einnahmen von verkauften Zeitungen, die zusammen mittlerweile eine ungefähre Gesamtauflage von knapp 6.000.000 haben, plus Einnahmen durch verkaufte Scientology-Bücher. Von den Sachbuchtiteln, die L.Ron Hubbard seit 1950 veröffentlicht hat, wurden bis heute über 60 Mio. Exemplare verkauft, die in 31 Sprachen in 105 Ländern vertrieben werden. Verglichen mit Shakespeare oder Agatha Christie (41 Sprachen; 2 Milliarden verkaufte Bücher) erscheinen diesen Zahlen natürlich sehr klein, bedenkt man jedoch, daß es sich hierbei um eine gefährliche Sekte handelt, so ist jedes verkaufte Buch schon zuviel.

2.3 Scientology – ihre Philosopie / ihr Glaubensbekenntnis / ihre Ziele

Scientology sieht ihre Hauptaufgabe darin, "eine bessere Welt zu erschaffen". Dieses Ziel wird in Scientology in zwei Teilziele aufgeteilt. Vornehmlich geht es der Scientology um den einzelnen Menschen, ihm muß geholfen werden, er muß "geistig befreit werden, um ihn in die Lage zu versetzen, sein Leben in den Griff zu bekommen und seine Probleme selbst zu lösen, ihn subjektiv und objektiv ein besseres Leben zu ermöglichen". Das zweite Teilziel bezieht sich mehr auf die Gesellschaft, so geht es Scientology darum, "eine Zivilisation zu erschaffen ohne Geisteskrankheit, ohne Verbrecher und ohne Krieg, in der fähige Wesen erfolgreich sein und ehrliche Leute Rechte haben können, und in der der Mensch die Freiheit hat, zu größeren Höhen aufzusteigen". Auch wenn für letzteres Scientology kaum konkrete Möglichkeiten aufzeigt, wie dieses Ziel zu erreichen sei, so gibt es bezüglich des ersten Punktes, der Verbesserung des Lebens des einzelnen Menschen, eine ganze Menge Konkretes. So ist Scientology der Meinung, daß die Menschen zuwenig über sich selbst und ihre Mitmenschen wissen. Durch ein gesteigertes Verständnis des eigenen Ichs, der Mitmenschen und des Universums wird man laut Scientology in die Lage versetzt, ein glücklicheres Leben zu führen. Außerdem maßt sich Scientology an, die Urfragen der Menschheit, wie "Woher kommen wir?", beantwortet zu haben, das Gleichgewicht zwischen den Geisteswissenschaften, die lange Zeit vernachlässigt wurden, und den Naturwissenschaften wiederhergestellt zu haben und im Gegensatz zu allen früheren religiösen Strömungen der Vergangenheit wirksame Methoden der Anwendung zur Verbesserung des Lebens gefunden zu haben.
Die Philosophie Scientology gründet sich auf dem Wissen und den Erfahrungen von 50.000 Jahren religiöser Geschichte und Scientology behauptet, daß sie das Beste aus allen religiösen Strömungen der Vergangenheit vereinen und ihre Philosophie deshalb in vielen Punkten

nichts Neues darstellt. Dies stellt Scientology auf fast 30 Seiten unter dem Titel "Das religiöse Erbe der Scientology" dar, welches sich wie ein religiöser Streifzug durch die Geschichte liest und einen fast an ein Geschichtsbuch erinnern könnte. Jedoch ist es kaum zu übersehen, daß Scientology die für sie wichtigen Punkte besonders hervorhebt. So macht Scientology hier deutlich, daß viele der früheren religiösen Strömungen, die auch zum Ziel hatten das Leben der Menschen zu verbessern, versagt haben. Als Beispiel sei hier nur Siddharta Gautama genannt, der laut Scientology keine wirklich nachvollziehbaren Methoden hinterließ, um den von ihm beschriebenen höheren Bewußtseinszustand zu erreichen. Genau an diesen Stellen setzt dann Scientology ein: "Siddharta Gautama ... hat versagt, aber wir liefern anwendbare Methoden". Mit anderen Worten versucht Scientology einen Vergleich zu ziehen zwischen dem, was vor Scientology war und der Scientology Religion selbst und sie kommen immer zu dem Ergebnis, daß entweder Scientology etwas besser gelöst hat, besser gemacht hat oder daß Scientology im Grunde nichts Neues ist, da schon frühere Religionen, diese Auffassungen hatten. Als Beispiel hierfür sei nur die Magna Charta angeführt, die laut Scientology auf dem Grundsatz basiert, daß der Mensch im Grunde gut sei, was ebenfalls ein wichtiger Aspekt in der Scientology Philosophie ist. Außerdem ist z.B. die Kreuzigung Christi für die Menschheit zum Symbol für den Sieg des Geistes über den materiellen Körper geworden, was auch in der Scientology Philosophie wieder auftaucht, daß nämlich der Geist unsterblich ist.

Wie auch die meisten anderen Religionen besitzt auch die Scientology Religion eine Art Glaubensbekenntnis. Dieses Glaubensbekenntnis entspricht in vielen / allen Punkten unseren Wert- und Moralvorstellungen, so ist z.B. der erste Punkt, daß "alle Menschen, welcher Rasse, Hautfarbe oder welchen Bekenntnisses sie auch sein mögen, mit gleichen Rechten geschaffen wurden". Jedoch fällt auf, daß einige der Punkte ziemlich typisch für Scientology sind, so weist bereits der zweite Punkt deutlich darauf hin, daß "alle Menschen unveräußerliche Rechte auf ihre eigenen religiösen Praktiken und deren Ausübung haben." Außerdem wird u.a. deutlich gemacht, daß "die Gesetze Gottes dem Menschen verbieten, das Leben seiner Kameraden oder seiner Gruppe zu zerstören oder zu mindern". An diesem Punkt wird schon der Gruppenzwang in Scientology deutlich, der es vielen erschwert aus dieser Sekte zu entkommen und außerdem wird deutlich, daß Scientology auch an Gott glaubt. Scientology ist also nur in dem Sinne eine Religion, inwieweit man es auf das Irdische bezieht. Versteht man Religion als den Glauben an etwas alles lenkende / erlösende Überirdische, so ist die Bezeichnung Religion für Scientology nicht zutreffend. Scientology selbst versteht unter dem Begriff Religion jedoch vornehmlich die Auswirkungen auf den Menschen, daß nämlich Religion den Menschen helfen soll ein besseres erfülltes Leben zu führen. Für Scientology ist Religion nicht gleich Glauben, denn in "Scientology muß man nichts glauben, da die Wahrheiten für sich sprechen." Genau hier läßt sich dann auch der Punkt finden, warum sich Scientology allen anderen Religionen überlegen fühlt, da zum einen alle anderen Religionen auf Glauben basieren, währenddessen Scientology auf "Tatsachen" basiert und daß zum anderen Scientology anwendbare Methoden zur Verbesserung des Lebens anbietet, was allen anderen Religionen meistens fehlt. Scientology kann nun nach eigenen Aussagen "dem Krieg, der Kriminalität und der Geisteskrankheit ein Ende setzen und die abwärtsgehende Spirale des Lebens unserer Erde umkehren".

Recht interessant sind auch der Ehrenkodex und der Kodex eines Scientologen, da sie einen guten Einblick in die Einstellung zum Leben eines wahren Scientologen bieten. So geht es Scientology vornehmlich darum, ihre Mitglieder zu skrupellosen Egoisten zu erziehen, die nur Scientology Rechenschaft schuldig sind. Ziel dieser Umerziehung ist es natürlich, die Mitglieder von der Außenwelt zu isolieren, so daß sie sich voll und ganz auf Scientology und die Durchsetzung ihrer Ziele konzentrieren. So beinhaltet der Ehrenkodex z.B. Punkte wie "Ziehe nie ein Treueversprechen zurück", "Verlasse niemals eine Gruppe, der du deine Unterstützung schuldest", "Deine Selbstbestimmung und deine Ehre sind wichtiger als dein unmittelbares Leben", "Sehne dich nicht danach, gemocht oder bewundert zu werden" oder

"Fürchte dich nie davor, einem anderen in einer gerechten Sache weh zu tun". Der Kodex eines Scientologen enthält dann die Regeln bezüglich dem Verhalten gegenüber der Gesellschaft. Einige dieser Punkte wie z.b. "Wahrhaft humanitäre Bestrebungen auf dem Gebiet der Menschenrechte sind zu unterstützen" oder "Die Religionsfreiheit ist zu unterstützen" sind durchaus gut und entsprechen auch unseren Vorstellungen, jedoch gibt es auch ganz andere Scientology typische Punkte, wie "Die Größe und Stärke der Scientology auf der ganzen Welt ist anzuheben" oder "Scientology-Organisationen und -Gruppen sind darin zu unterstützen, sich mit öffentlichen Gruppen zu verbünden". An diesem letzten Punkt wird vor allem auch deutlich, was in Deutschland zur Zeit heiß diskutiert wird, ob nämlich Scientology Einfluß auf den Staat nimmt. Ich denke dieser Punkt zeigt die Absichten von Scientology sehr deutlich.

Was Scientology nun genau erreichen will ist schwer zu sagen, jedoch gibt es ein paar erklärte Ziele, so suchen sie keine Revolution, sondern nur Evolution für die einzelnen Menschen und für die Gesellschaft ("WE SEEK NO REVOLUTION. WE SEEK ONLY EVOLUTION TO HIGHER STATES OF BEING FOR THE INDIVIDUAL AND FOR SOCIETY"). Außerdem sind sie davon überzeugt, daß sie ihre Ziele erreichen werden, sie niemals untergehen werden und daß sie ihrem Ziel mit jeder Revolution auf der Erde ein Stück näher kommen ("WE ARE ACHIEVING OUR AIMS"; "THE SUN NEVER SETS ON SCIENTOLOGY"; "AND WE WILL SUCCEED, AND WE ARE SUCCEEDING AT EACH NEW REVOLUTION OF THE EARTH") und daß ihre Ziele einfach, aber dafür großartig sind ("OUR AIMS ARE SIMPLE, IF GREAT"). Diese Ziele, die L.Ron Hubbard damals verfaßt hat, zeigen deutlich auf, daß Scientology sich über den ganzen Erdball ausbreiten möchte und alle anderen Religionen am liebsten verdrängen möchte. Mit welcher Absicht sie dies tun, ist natürlich reine Spekulation – ist es Geld, Macht oder wirklich die Ideologie, die allen ein besseres Leben verspricht, L.Ron Hubbard mag die Antwort gewußt haben, wir werden sie wahrscheinlich nie erfahren.

2.4 Was ist Auditing ? / die verschiedenen Stufen der Erleuchtung

Das Hauptziel von Scientology ist es, den Menschen zu einem höheren Bewußtseinszustand zu verhelfen und Auditing ist nun der exakte Weg, um dieses Ziel zu erreichen. Das Ziel von Auditing ist es "Persönlichkeit und Fähigkeit eines Menschen wiederherzustellen". Auditing beschreibt Scientology als "einzigartige Form der persönlichen Beratung", welches einem präzisem und exaktem Ablauf folgt. Auditing ist im Prinzip nichts anderes als ein Besuch bei einem Psychiater, auch beim Auditing sitzen sich ein "Psychater", Auditor genannt, und ein Patient, Preclear genannt, gegenüber und unterhalten sich. Der einzige Unterschied besteht jedoch darin, daß der Auditor für jede seiner Stunden einen vorher festgelegten Fragenkatalog hat. Ein weiterer Unterschied besteht darin, daß der Preclear an eine Art Lügendetektor, einem sogenannten E-Meter (E=Emotions), angeschlossen ist. Dieser dient nun nicht dazu, herauszufinden, ob der Preclear die Wahrheit sagt oder nicht, denn die meisten Fragen sind so gestellt, daß der Preclear selbst nicht genau wissen kann, was richtig oder falsch ist. So stellt der Auditor z.B. Fragen, wie "Erinnerst du dich an deine früheren Leben?" und mit Hilfe dieses E-Meters wird dann z.B. das genaue Datum bestimmt ("War es vor oder nach Christus? – Vor 1000 oder nach 1000 ? ..."). Angeblich soll man auf diese Weise wirklich mehr über sich und sein früheres Leben herausfinden. In Wirklichkeit dient dieses Verfahren Scientology aber wahrscheinlich nur dazu mehr über ihre Mitglieder zu erfahren und sie damit verwundbar zu machen. Stellt sich ein Preclear z.B. vor, daß er in einem früheren Leben ein Pirat war so sagt dies etwas anderes über den Menschen aus, als wenn er sich als königlicher Berater der Majestät vorstellt. Die genaue Interpretation hiervon sei aber den Pädagogik-Studenten überlassen. Laut Scientology dient jeder Auditing-Prozeß dazu, daß jeder einen bestimmten Bereich seines Lebens inspiziert. Auditing kann somit jeden aus einem Zustand geistiger Blindheit zur strahlenden Freude geistigen Daseins erheben. In Wirklichkeit werden dem Preclear aber nur auf äußerst geschickte Weise Lügengeschichten aufgetischt, die ihn z.B. als glorreichen Kriegsherren in einem früheren Leben darstellen, und da dies aus dem Preclear selbst kommt und der Auditor nur Fragen stellt, glaubt der Preclear nun auch wirklich daran, ein Kriegsherr gewesen zu sein, er glaubt nun daran, daß Scientology ihm etwas gebracht hat.

Auditing teilt sich in verschiedene Stufen der Erleuchtung / der Reinigung des Geistes auf, die sogenannten erweiterten Grade der Erleuchtung. Um so höher man im Grad steigt, desto zufriedener wird man, da man immer mehr über sich und seine Umwelt versteht und da alles Negative ausgelöscht wird.

Der erste Schritt zur vollständigen Erleuchtung ist der sogenannte "Erweiterte ARC Straightwire". ARC steht für Affinity [Zuneigung; Emotionen] Reality [Wirklichkeit; in Scientology ist alles das Wirklichkeit, worüber sich Scientology einig ist, daß es wirklich ist → What we agree to be real is real] Communication [Kommunikation] und bezieht sich auf das sogenannte ARC-Triangle, welches das Zusammenwirken der drei Hauptelemente des Lebens (Affinity, Reality, Communication) darstellt. Ziel dieses ersten der sechs Grades der Erleuchtung ist die Erforschung des Erinnerungsvermögens und der Fähigkeit des Verstandes und daß der Preclear beginnt sich selbst wirklich zu mögen.

Der zweite Grad ist der sogenannte "Erweiterte Grad 0", dessen Ziel es ist, den Menschen zu befähigen zu kommunizieren. Auch wenn ein jeder Mensch sprechen kann, so verblaßt doch die Fähigkeit des Kommunzierens mit der Zeit und die Menschen ziehen sich zurück. Ziel dieses zweiten Grades ist es nun, alle Hindernisse aus dem weg zu räumen, die ein Mensch mit der Kommunikation mit seinen Mitmenschen hat.

Bis zu diesem Punkt läßt sich im Prinzip auch noch nichts gegen Auditing sagen, jedoch behandelt nun der dritte Grad, der "Erweiterte Grad 1", die Probleme die jemand im Leben hat. Die Prozesse dieses Grades verleihen einem die Fähigkeit die Wurzeln eines jeden Problems zu finden und laut Scientology hören diese Probleme – egal wie groß – auf Probleme zu sein, sobald man ihre eigentliche Ursache erkannt hat – die Probleme verschwinden. Dies klingt zwar sehr gut, jedoch muß man sich im Klaren darüber werden, was hier Scientology meint, daß man nämlich "Probleme mit einem Blick zum Verschwinden bringen soll" – daß man sie im Prinzip einfach vergessen soll.

Ab dem vierten Grad, dem "Erweiterten Grad 2", wird dann zum ersten Mal das deutlich, was wir im Allgemeinen als Gehirnwäsche bezeichnen. Die Prozesse in diesem Grad "löschen nämlich die Feindseligkeiten und Leiden aus einem Leben aus und entlasten den einzelnen von den Auswirkungen der Taten, die ihn in der Vergangenheit festnageln." Mit anderen Worten hast du z.B. jemanden umgebracht und du bereust dies, dann vergiß es. Diese Gehirnwäsche die hier stattfindet dient natürlich hauptsächlich dazu, zu verhindern, daß die Scientology Mitglieder sich an ihre Vergangenheit in der Freiheit erinnern und eventuell dann wieder aus Scientology austreten.

Der "Erweiterte Grad 3" führt dieses dann noch weiter, in ihm soll man sämtliche einschneidenden Erlebnisse in der Vergangenheit vergessen, damit man der Zukunft besser ins Auge sehen kann und sich auf sie ganz und gar konzentrieren kann.

Der "Erweiterte Grad 4" vollendet dann die Gehirnwäsche, indem die Preclears sich nun auch von den Gedanken- und Verhaltensmustern der Vergangenheit lösen sollen, da diese angeblich die eigenen Fähigkeiten einschränken. Daher führt Auditing nun dazu, diese eingeschränkten Fähigkeiten zu befreien und sie wiederherzustellen. Dies sind die ursprünglichen 6 Grade der Erleuchtung / der Gehirnwäsche. Darüber hinaus gibt es noch den Zustand "Clear" und den Zustand des "Operierenden Thetan".

Um ein "Clear" zu werden, muß man seinen "reaktiven Verstand eliminiert haben", was bedeutet, daß seine "Reiz-Reaktions-Mechanismen", die negative Emotionen auslösen können, abgeschaltet werden. Mit anderen Worten ist also ein "Clear" jemand, der nicht auf etwas reagiert, sondern daß alles, was er tut, aus sich selbst heraus kommt, er also agiert (oder er sich zumindest einredet, daß er agiert und nicht reagiert). Ist ein Mensch einmal Clear so erhält er das Clear Armband und ab diesem Zeitpunkt wird er auch nicht mehr in seinen reaktiven Verstand zurücksinken, was bedeutet, ist man einmal Clear so bleibt man dies auch. "Wenn der reaktive Verstand beim Klären eliminiert wird, erreichen wir nicht nur die Auslöschung dessen, was das Böse im Menschen zu sein scheint, sondern wir überwinden auch die Barrieren, die es so schwierig machen, völlige geistige Unabhängigkeit und Ausgeglichenheit zu erreichen."

Über diesen Zustand "Clear" gibt es dann noch den Zustand völliger geistiger Freiheit, nämlich den Zustand des "Operierenden Thetan" (Thetan = Geist; geistiges Wesen). Scientology definiert diesen Zustand als "bewußt und willentlich Ursache über Leben, Denken, Materie, Raum und Zeit". Auch für diesen Zustand gibt es wieder ein Armband. In dieser Phase des Auditings in den sogenannten OT-Stufen, die jeweils aus Solo-Auditings bestehen, was bedeutet, daß man sein eigener Psychologe ist und nur die Materialien gestellt bekommt, beschäftigt sich nicht mehr mit den Problemen des eigenen Ichs, da diese ja schon in vorherigen Graden beseitigt wurden, sondern mit der Unsterblichkeit als geistiges Wesen, mit dem Thetan in Beziehung zur Ewigkeit. Hier erfahren die Scientologen erst die eigentliche Grundphilosophie von Scientology und die Vorstellungen über das Universum. Diese Dokumente sind jedoch streng geheim und man erhält nur von den wenigen Aussteigern, die es in Scientology bis hierhin gebracht haben, Informationen darüber. So bietet z.B. Margery Wakefield einige interessante Beispiele aus ihrem OT3-Kurs. So beinhaltet das Material, was ihr gegeben wurde, eine recht kuriose Science-Fiction-Geschichte, die aber für real angenommen werden soll. Danach hat angeblich vor 95 Millionen Jahren der Leiter der galaktischen Föderation (76 Planeten), ein Wesen namens Xenu, die geistigen Wesen, die Thetanen, auf der Erde versammelt. Danach hat er mehrere Atombomben auf diese abwerfen lassen, so daß die Körper dieser geistigen Wesen zerstört wurden. Da aber der Geist unsterblich ist, hat dieser überlebt und als dann Millionen Jahre später die Menschheit entstand, da verbanden sich diese Geister mit den Menschen, so daß heutzutage ein jeder Mensch aus zwei Teilen besteht, dem eigenen Ich und dem 95 Millionen Jahre alten Thetan, der darauf wartet erlöst zu werden, so daß er in seinen eigenen Körper zurückwandern kann. Das Ziel der Scientology ist es nun, daß diese geistigen Wesen, den menschlichen Körper verlassen und ihren eigenen Körper wiedererlangen. Diese Geschichten klingen wirklich wie schlechte Science-Fiction-Romane und es ist kaum zu begreifen, warum es Menschen gibt, die diesen Schwachsinn glauben. Dennoch zeigt die Tatsache, daß Scientology es schafft, Menschen dazu zu bringen, dieses zu glauben, daß sie sie vollkommen im Griff haben, daß Scientology mit ihrer Gehirnwäsche so erfolgreich war, daß sie fähig sind ihre Mitglieder das tun zu lassen, was sie für richtig halten. Da ist es auch kaum verwunderlich, daß in den höheren Stufen der Erleuchtung, noch über OT3, angeblich auch Selbstmordtraining betrieben wird, um auch den letzten eigenen Willen, den Willen des Überlebens zu brechen.

3. Was bietet Scientology ?

Scientology bietet, wie schon mehrfach erwähnt, konkrete Lösungen für die Probleme der Menschen. So gibt es auf der ganzen Welt, mehrere sog. Narconen-Organisationen, die die Drogenabhängigkeit bekämpfen. Laut Scientology soll dies auch äußerst erfolgreich geschehen. Außerdem gibt es auch noch Organisationen zur "Bekämpfung" des Analphabetentums oder auch ganz einfache Nachhilfeinstitute.
Was diese einzelnen Organisationen genau machen und inwieweit ihre Taten auch aus unserer Perspektive als gut zu bezeichnen sind, kann ich nicht sagen. Es gibt aber darüber hinaus eine Menge Literatur von Scientology, die Lösungen zu allen möglichen Problemen der Menschheit aufzeigt. So gib es u.a. Texte über Probleme am Arbeitsplatz, Studier-, Lern-schwierigkeiten und auch ein Leitfaden über die Erziehung von Kindern. Die meisten dieser Texte sind so ausgelegt, daß man nicht auf Anhieb erkennen kann, daß sie von Scientology sind. Die meisten Aspekte in diesen Texten entsprechen auch unseren Vorstellungen, jedoch gibt es überall ein paar Punkte, die für Scientology typisch sind. Am besten lassen sich diese Punkte an dem Text "Wie erziehe ich meine Kinder" erkennen.

3.1 Beispiel "Wie erziehe ich meine Kinder ?"

Die Erziehung von Kindern in Scientology beschränkt sich eigentlich auf einen Punkt, nämlich gehe mit ihnen so um, wie mit einem Erwachsenen. Für Scientology sind Kinder "kleine Erwachsene, die ihre Probleme, ihre Wünsche und Sehnsüchte selbst mit sich aus-fechten". Mit anderen Worten basiert also die ganze Erziehung auf einer sehr liberalen anti-autoritären Erziehung. So sollten einem Kind weder Vorschriften, noch Regeln gemacht werden, er muß seine Erfahrungen selbst machen. Man soll ihm also so z.B. nicht vorschreiben, irgend etwas nicht zu tun, weil er sich verletzen könnte, sondern er muß diese Erfahrung selbst machen. Dies geht dann zum Teil soweit, daß ein Jugendlicher, der z.B. offen Selbstmordgedanken hegt, mit einem "Das liegt allein in deiner Verantwortung" begegnet wird. Ebenso sind Sachen, die man einem Kind schenkt dann auch sein Eigentum, was bedeutet, daß man ihm bezüglich dieses Eigentums auch nichts mehr vorschreiben darf und daß zum anderen falls das Kind dieses kaputt macht, das allein in seiner Verantwortung liegt und dies die Eltern nicht zu kümmern hat. Genau so muß man dem Kind das Recht gewähren, seinen Beitrag zu leisten, was bedeutet, daß man ihm z.B. nicht das Rasenmähen vorschreiben darf, sondern man ihn alleine auf die Idee kommen lassen muß, daß er etwas zur Familie beitragen sollte. Da nun die ganze Verantwortung für alles und jedes auf dem Kind liegt, so ist es unter Scientologen auch üblich, daß ein Kind, sofern es Schreiben kann, auch selbständig sich zur Schule o.ä. anmelden muß. Jeder einzelne Erziehungsschritt wird in diesem Text dann noch z.B. mit einem "Wie würden sie sich als Erwachsener fühlen, wenn ihnen einer etwas verbieten würde ?" erläutert. Wie schon oben gesagt, basiert dies natürlich alles auf der Annahme, daß Kinder im Grunde schon Erwachsene sind oder wie Scientology es ausdrückt, Erwachsene und Kinder sind beide geistige Wesen.
Die Richtigkeit dieser Erziehungsmethoden ist natürlich äußerst fragwürdig, jedoch erfüllt sie für Scientology mit Sicherheit ihren Zweck.

4. Scientology – eine gefährliche Sekte ?

Nachdem ich mich nun unzählige Stunden im Internet aufgehalten habe, Hunderte von Seiten teilweise oder ganz gelesen habe, mit Sicherheit an die 1000 Blatt Druckerpapier verbraucht habe und nun auch dieses 13-seitige Referat geschrieben habe, so muß ich doch feststellen, daß Scientology in Wirklichkeit noch viel gefährlicher ist als je angenommen hätte. Jede andere Sekte ist im Gegensatz zu Scientology fast harmlos, da man bei anderen Sekten entweder die Absichten meist rechtzeitig erkennen kann oder ihr Einflußgebiet nur relativ klein ist. Scientology hingegen ist nicht nur zum einen weltweit tätig, sondern auch häufig versteckt, so daß man nicht erkennen kann, ob z.b. ein Nachhilfeinstitut von Scientology ist oder nicht. Ein weiteres Problem liegt darin, daß neue Scientology Mitglieder, oder diejenigen, die nur mal reinschauen möchten, nicht damit begrüßt werden, daß sie Tausende von Mark zu bezahlen haben oder wie in okkulten Sekten, daß z.b. alles darauf hinausläuft, einen großen Dämonen zu beschwören. Scientology beginnt so z.b. mit einem einfachen Psycho-Test, der dann offenbart, daß man in gewissen Bereichen des Lebens Probleme hat. Hat man so z.B. Lernschwierigkeiten, so wird darauf hingewiesen, daß einem Scientology dabei helfen kann und man bietet dir vielleicht direkt etwas Fachliteratur an. Da man diese Literatur dann meistens nicht auf Anhieb versteht, erklärt einem dann der Scientology-Mitarbeiter, daß man dieses ebenfalls beheben könnte und irgendwann kommt es dann auch zu den ersten Auditing-Stunden und schneller als man glauben mag, ist man dann ein Scientology-Mitglied. Ist man sich seiner selbst noch gewahr und hat die Gehirnwäsche keinen Erfolg gehabt, kann man sich glücklich schätzen, aber ein Entkommen ist natürlich sehr schwierig, insbesondere deswegen weil Scientology einen ja schließlich weltweit verfolgen kann und dies auch tut.

Ein weiterer Aspekt, der Scientology so gefährlich macht, ist ihre enorme Ausbreitung, die sie schon fast zu einer nicht aufhaltbaren Bewegung werden läßt. Es bleibt nur zu hoffen, daß die Ausbreitung nicht in dem Maße weiter fortschreitet, wie dies bisher geschah, denn ansonsten dauert es wahrscheinlich nicht mehr allzu lange bis alle Regierungen der Welt von Scientologen kontrolliert werden und was dann passiert male ich mir lieber nicht aus. Inwieweit Scientology schon heute Einfluß auf die Regierungen und staatlichen Organisationen hat, ist nicht bekannt, jedoch ist es äußerst verwunderlich, daß die Entscheidung in den USA, die Scientology als Kirche anerkannte, äußerst plötzlich geschah. Vielleicht hat Scientology in den USA schon mehr Einfluß auf Staat und auch v.a. Wirtschaft als wir denken. Man stelle sich nur mal vor, was geschehen würde, wenn an der Spitze aller wichtigen Wirtschaftskonzerne eines Landes Manager sitzen, die auch gleichzeitig Scientology angehören (Manager bilden den größten Teil der Scientology-Mitglieder) – Scientology hätte die totale Kontrolle über diesen Staat.